Inhaltsverzeichnis

Alphabetische Strategie

Orthographische Strategie

Morphematische Strategie

Was bedeuten diese Zeichen?

Suche und male weitere Zeichen.

korrigiert:

Wo begegnet dir Schrift?

Male und schreibe.

korrigiert: ☆

Fisch

Rose

Topf

Tasche

Mund

Nase

Hose

Flasche

Knopf

Hase

Tisch

Hund

korrigiert:

Zeichne die Silbenbögen.

Ha se

E le fant

Ba na ne

Ki wi

Man tel

Hut

Baum

Pal me

korrigiert:

Wörter sprechen – Laute hören

Wo hörst du diese Laute? Kreuze an.

b

B au m

x		

u

B l u m e

s

M au s

a

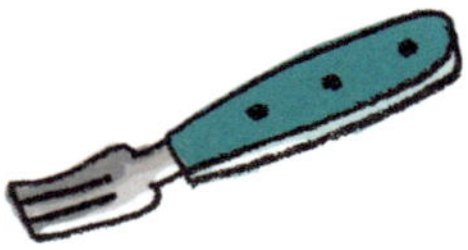

G a b e l

r

R o s e

n

Z au n

d

o

l

i

h

e

p

m

k

t

korrigiert:

Wie viele Laute?

 Sprich die Wörter deutlich.

 Wie viele Laute hörst du?

Male für jeden Laut einen Kreis.

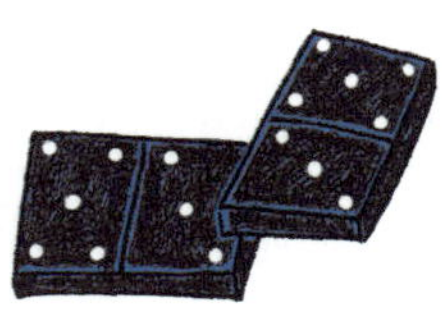

Wie viele Laute hörst du?
Verbinde mit den passenden Kreisen.

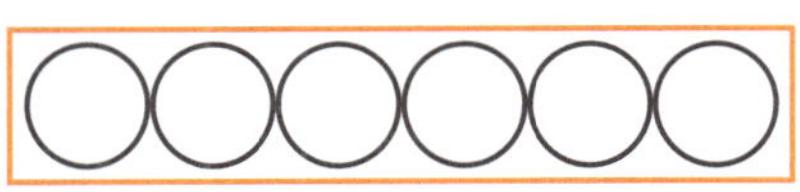

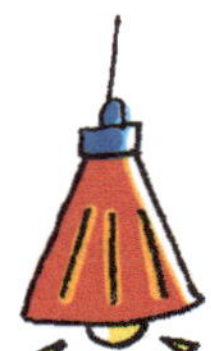

korrigiert:

Die Selbstlaute (Vokale)

Suche A a, E e, I i, O o, U u. Schreibe sie orange nach.

Uhu

Ananas

Esel

Iris

Pinguin

Radio

Melone

Iglu

Dromedar

Eskimo

Welche Selbstlaute fehlen?

H A S E

K G L

N D L

H N D

korrigiert:

Umlaute

Verwandle die Selbstlaute in Umlaute.

ein Ast   A → Ä   viele Äste ______

ein Nagel   a → ä   viele ______

ein Ton   o → ö   viele ______

ein Koch   o → ö   viele ______

ein Hut   u → ü   viele ______

ein Buch   u → ü   viele ______

Welche Umlaute fehlen?

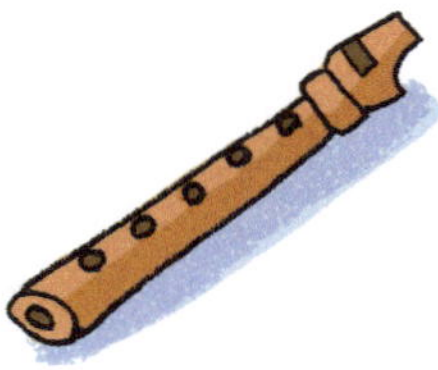

Fl___te

K___fer

Fl___gel

B___r

Gem___se

L___we

i

e

a

o

u

ü

ä

ö

korrigiert: ☆

Wörter schreiben (1)

Male für jeden Laut einen Kreis.
Schreibe auf.

K a m e l

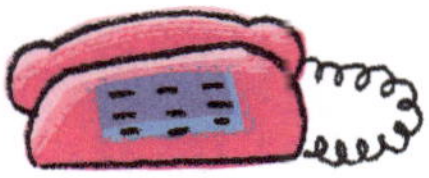

korrigiert:

Wörter schreiben (2)

Male die Lautkreise.

Male die Kreise für Selbstlaute oder Umlaute orange aus.

a
e
i
o
u
ä
ö
ü

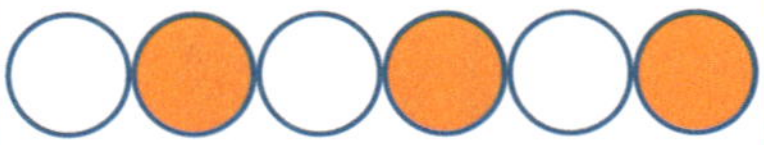

a
e
i
o
u
ä
ö
ü

Zeichne die Silbenbögen ein.

Rakete Möwe Oma

Hut Tulpe Domino

Male die Lautkreise.
Male die Kreise für Selbstlaute oder Umlaute orange aus.
Zeichne die Silbenbögen ein.

E s k i m o

S a l a t

L ö w e

T u r m

Zähle die Silben.
Zähle die Selbstlaute.
Was fällt dir auf?

korrigiert:

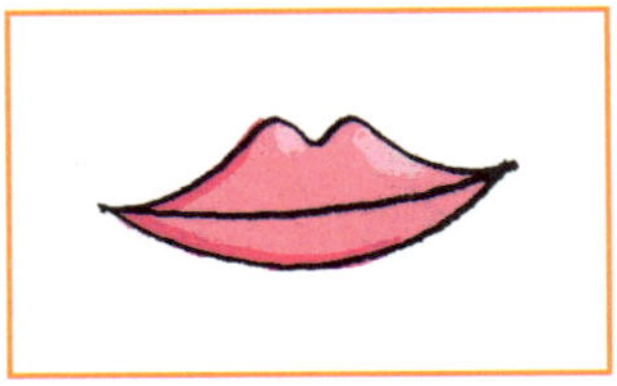

Sprich deutlich.

Male für jeden Laut
einen Kreis.

Zeige und sprich.

Schreibe.

Rose

Zeichne die
Silbenbögen ein.
Markiere die
Selbstlaute orange.

In jeder Silbe
ein Selbstlaut?

R a b e

korrigiert:

Ein Laut - ein Buchstabe:
Ist das immer so?

S c h a f

1 Laut –
3 Buchstaben

korrigiert:

B u c h

1 Laut –
2 Buchstaben

__ Laute

__ Buchstaben

__ Laute

__ Buchstaben

__ Laute

__ Buchstaben

__ Laute

__ Buchstaben

korrigiert: ☆

Sch/sch ch

Sei ein For(sch)er. Su(ch)e.

Schreibe Wörter mit Sch/sch und ch auf.

korrigiert:

Richtig schreiben lernen mit den Rechtschreib-Stars

Aufbau und Gestaltung der Rechtschreib-Stars

Die Rechtschreib-Stars wecken sowohl durch ihren Aufbau als auch durch ihre Gestaltung die Übungsfreude des Kindes.
Alle wichtigen rechtschriftlichen Lernthemen einer Jahrgangsstufe finden sich in einer sinnvollen Übungsabfolge im Heft. Die Übungen zu einem bestimmten rechtschriftlichen Phänomen werden übersichtlich auf einer Doppelseite angeboten.
Wiederkehrende Übungsformen ermöglichen es dem Kind, die Aufgaben weitgehend ohne Hilfe von Erwachsenen zu lösen. Grundlegende Arbeits- und Lerntechniken werden so kontinuierlich wiederholt, hilfreiche Rechtschreibstrategien entwickelt und gesichert. Diese werden nicht als fertige Regel präsentiert. Vielmehr erhalten die Kinder die Möglichkeit, durch vielfältigen Umgang mit Wörtern Strategien zu entdecken, sie zu überprüfen und anzuwenden.
Mit dem beigelegten Lösungsheft können Lernergebnisse selbstständig kontrolliert und reflektiert werden. Lernbegleiter ist der Pelikan Pepe, er gibt Tipps und Anregungen und macht wichtige Erkenntnisse immer wieder bewusst.

Die Inhalte der Rechtschreib-Stars orientieren sich auch an der Entwicklung der individuellen Fähigkeiten im Richtigschreiben. So wird, auch durch einen flexiblen Einsatz des vorhergehenden und des nachfolgenden Heftes, eine individuelle Förderung des jeweiligen Kindes ermöglicht.

Die farbenfrohe, kindgerechte Gestaltung ermuntert zu selbstständiger und motivierter Arbeit. So setzt das Kind sich kontinuierlich und mit Freude mit den Heftinhalten auseinander und erzielt dadurch individuelle Lernfortschritte, die auch durch die Vielzahl farbiger Illustrationen angebahnt und unterstützt werden.

Wie Kinder richtig schreiben lernen

Anfangs schreiben Kinder wie sie sprechen, sie entwickeln Freude am Schreiben, das Richtigschreiben ist dabei unbedeutend. Erst im Vergleich mit der allgemeingültigen Rechtschreibung und durch gezielt angeregte Reflexion erkennen Kinder, dass viele Wörter anders geschrieben als gesprochen werden.

Neben dem individuellen Zugriff des Kindes kann eine typische Abfolge im Erwerb rechtschriftlicher Kompetenzen angenommen werden, was die folgende Tabelle aufzeigt:

Ein Stufenmodell der Rechtschreibentwicklung

Regelgeleitete Konstruktionen	**„Lernwörter"**	**Bemerkungen**
1. Willkürliche Buchstabenfolgen, „Pseudowörter" oder Kritzelschrift	Die Buchstaben eines Wortes werden ohne Bezug zum Lautwert auswendig gelernt (z. B. eigener Name). Nur wenige Wörter können erworben werden.	Wegen fehlender Unterstützung durch die gesprochene Sprache kommt es oft zu Buchstabenauslassungen und Umstellungen
2. Erste Versuche, die gesprochene Sprache zu „übersetzen": *Beginnende* („rudimentäre") *phonemische Strategie*, z. B. – TG = Tiger – HS = Haus.	Wie unter 1., aber das Auswendiglernen wird schon durch einige erkannte Buchstaben-Laut-Beziehungen gestützt. Immer noch sehr wenige Lernwörter.	Erwerb von Phonem-Graphem-Korrespondenzen
3a. *Entfaltete phonemische Strategie.* Es werden jetzt mehr Laute eines Wortes wiedergegeben, z. B. – WOKE = Wolke, – HUT = Hund.	Phonemisch gestützte Speicherung von Lernwörtern. Beginn der Entwicklung einer „Rechtschreibsprache"; auch visuelle und graphomotorische Lernhilfen	

Lösungen Rechtschreib-Stars 1

(zum Heraustrennen die mittlere Klammer lösen)

Was bedeuten diese Zeichen?

Suche und male weitere Zeichen.

Zeige deine Zeichen einem Erwachsenen.

2

3

Wo begegnet dir Schrift?

Male und schreibe.

Zeige diese Seite einem Erwachsenen.

4

5

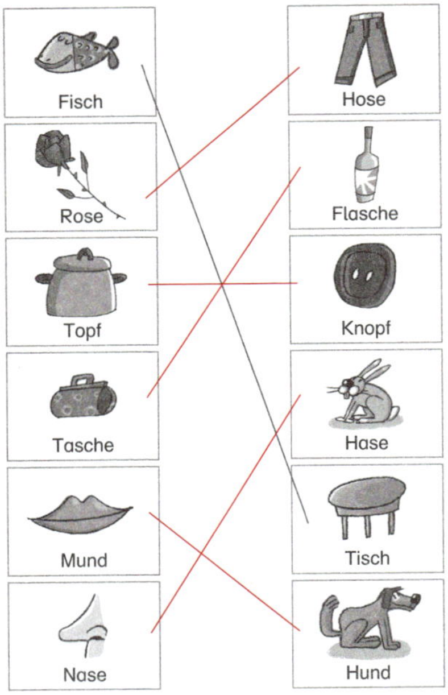

Zeichne die Silbenbögen.

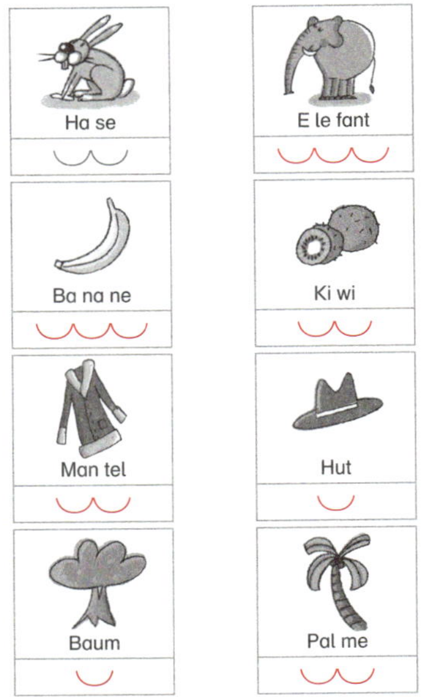

Wo hörst du diese Laute? Kreuze an.

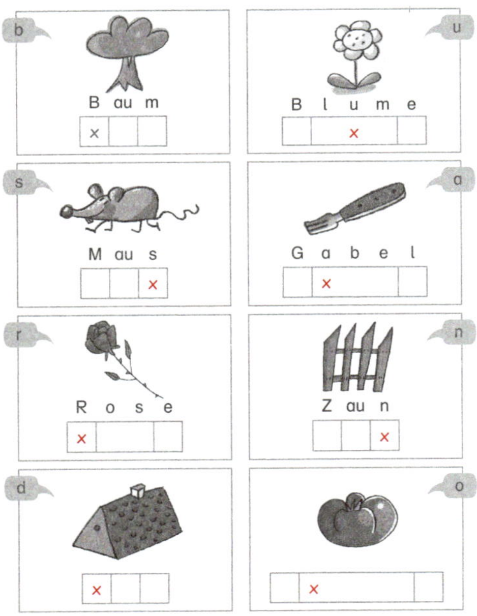

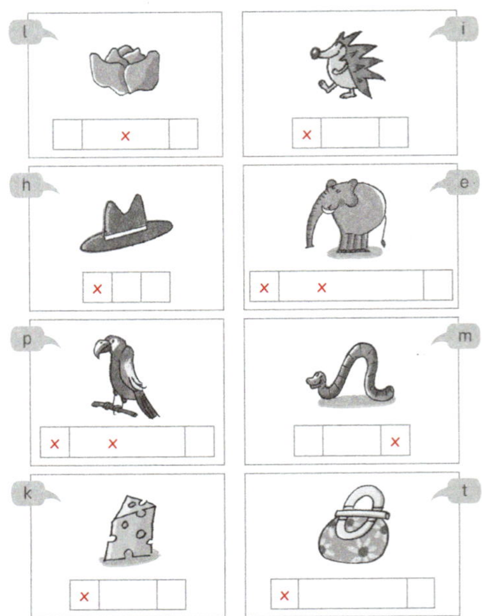

Sprich die Wörter deutlich.
Wie viele Laute hörst du?
Male für jeden Laut einen Kreis.

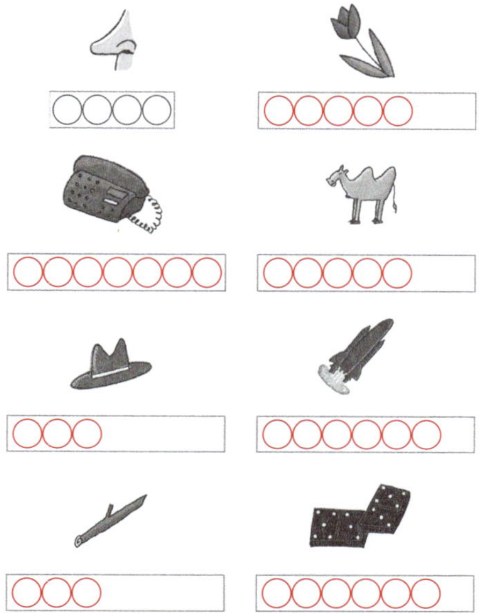

Wie viele Laute hörst du?
Verbinde mit den passenden Kreisen.

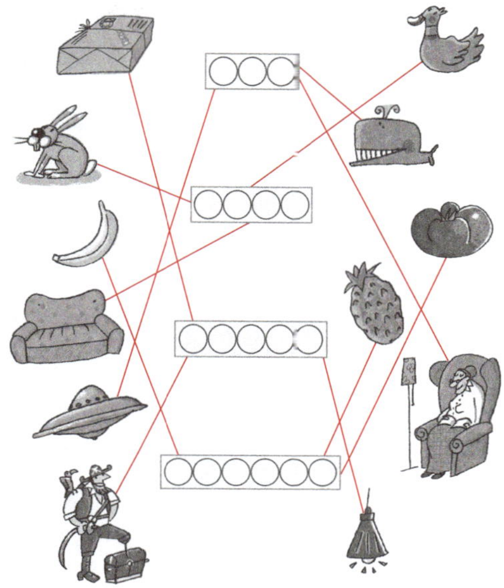

Suche A a, E e, I i, O o, U u. Schreibe sie orange nach.

Ananas
Uhu
Esel
Iris
Pinguin
Radio
Melone
Iglu
Dromedar
Eskimo

Welche Selbstlaute fehlen?

Verwandle die Selbstlaute in Umlaute.

ein Ast A → Ä viele Äste

ein Nagel a → ä viele Nägel

ein Ton o → ö viele Töne

ein Koch o → ö viele Köche

ein Hut u → ü viele Hüte

ein Buch u → ü viele Bücher

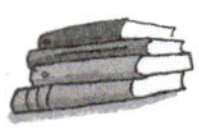

Welche Umlaute fehlen?

Fl ö te

K ä fer

Fl ü gel

B ä r

Gem ü se

L ö we

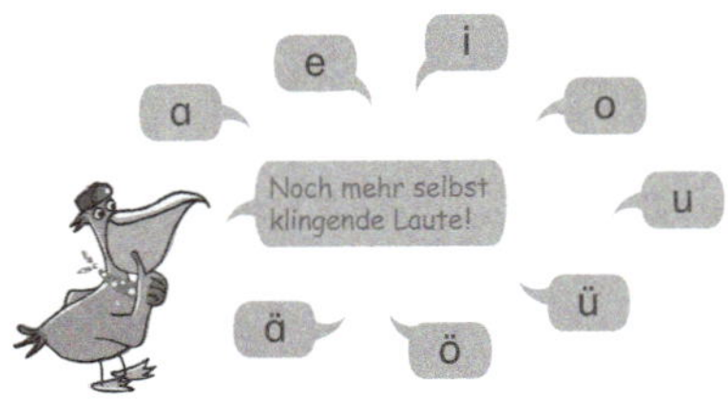

Ich kenne die drei Umlaute.

Male für jeden Laut einen Kreis.
Schreibe auf.

○○○○○

Kamel

○○○○

Nase

○○○○○

Lampe

○○○○○○○

Elefant

○○○○○○

Tomate

○○○

Wal

○○○○○○

Gemüse

○○○○○○○

Telefon

○○○○

Hase

○○○○○○○

Königin

Ich höre einen Laut. Ich schreibe einen Buchstaben.

Wörter schreiben (2)

Male die Lautkreise.
Male die Kreise für Selbstlaute oder Umlaute orange aus.

a e i o u ä ö ü

a e i o u ä ö ü

Zeichne die Silbenbögen ein.

Rakete Möwe Oma

Hut Tulpe Domino

Male die Lautkreise.
Male die Kreise für Selbstlaute oder Umlaute orange aus.
Zeichne die Silbenbögen ein.

E s k i m o

S a l a t

L ö w e

T u r m

Es sind gleich viele Silben wie Selbstlaute.

Ich schreibe in jeder Silbe einen Selbstlaut.

Wörter schreiben (3)

Sprich deutlich.

Male für jeden Laut einen Kreis.

Zeige und sprich.

Rose

Schreibe.

Rose

Zeichne die Silbenbögen ein.
Markiere die Selbstlaute orange.

Rose

In jeder Silbe ein Selbstlaut?

R a b e

B au m

K r o k o d i l

D i n o

G e m ü s e

T u b e

Ich kann Wörter aufschreiben.

Sch
sch

Ein Laut - ein Buchstabe: Ist das immer so?

○			○	○
S	c	h	a	f

1 Laut – 3 Buchstaben

○			○	○	○
S	c	h	u	l	e

○	○			○
T	i	s	c	h

○			○	○	○
S	c	h	e	r	e

○			○	○
S	c	h	a	l

ch

○	○		○
B	u	c	h

1 Laut – 2 Buchstaben

Und beim ch?

○	○		○
B	a	c	h

3 Laute

4 Buchstaben

○	○		○
D	a	c	h

3 Laute

4 Buchstaben

○	○		○
K	o	c	h

3 Laute

4 Buchstaben

○	○	○	○		○	○
G	e	s	i	c	h	t

6 Laute

7 Buchstaben

Sch
sch ch

Sei ein Forscher. Suche.

Schreibe Wörter mit Sch/sch und ch auf.

schön ich

Zeige diese Seite einem Erwachsenen.

Ich habe viele Wörter mit Sch/sch und ch gefunden.

Au
au

Setze Au/au ein.

das Au to

das Au ge

die R au pe

der B au m

H

M au s

s

Z

b l au

n

Wörter im Satz

Suche die Wörter im Satz.
Kreise sie ein.

Der (Hund) (rennt) hinter den (Baum).

(Mama) und ich (essen) heute (Pizza).

Die (Puppe) hat ein (rosa) (Kleid) an .

Wörter abschreiben (1)

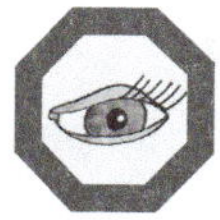

Wort genau anschauen.

Schwierige Stellen? Markiere.

Wort merken.

Wort auswendig schreiben.

Jeden Buchstaben kontrollieren.
Fehler ausbessern.

Wörter abschreiben (2)

Kreise die Wörter im Satz ein.
Schreibe den Satz ab.
Markiere den Abstand zwischen den Wörtern.

Saft. Mama kauft

(Mama) (kauft) (Saft).

Mama | kauft | Saft.

Papagei Der bunt. ist

(Der) (Papagei) (ist) (bunt).

Der | Papagei | ist | bunt.

Auto. ein Ich male

(Ich) (male) (ein) (Auto).

Ich | male | ein | Auto.

Schreibe die Wörter von Seite 48 ab.

Vogel	Kuchen
spielen	Nebel
Ohr	heulen
Stein	Wasser
Körper	Sport
stehen	schreiben
Quelle	fürchten
Bauch	Euro

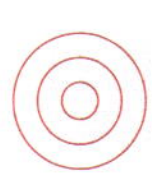

Ich kann gut Wörter abschreiben.

Achte auf das Ende!

① Am Ende sind zwei Buchstaben immer gleich.
Kreise gelb ein.

Fenster

Finger

Käfer

Anker

② Schreibe diese Wörter zu den richtigen Lautkreisen.
Zeichne Silbenbögen.

K ä f e r

F e n s t e r

F i n g e r

A n k e r

③ In jeder Zeile hat sich ein Wort mit **-er** versteckt.

C	O	M	B	A	U	E	R
J	K	Ö	R	P	E	R	M
H	Q	W	I	N	T	E	R
A	N	G	L	E	R	Z	X
F	S	M	A	L	E	R	N
C	B	R	U	D	E	R	O
K	A	L	E	N	D	E	R
U	H	H	E	L	F	E	R

der Bauer — der Maler

der Körper — der Bruder

der Winter — der Kalender

der Angler — der Helfer

Ich passe auf die Endung **-er** auf.

Achte auf das Ende!

① Am Ende sind zwei Buchstaben immer gleich.
Kreise gelb ein.

Flügel

Igel

Wurzel

Nebel

② Schreibe diese Wörter zu den richtigen Lautkreisen.
Zeichne Silbenbögen.

I g e l

W u r z e l

F l ü g e l

N e b e l

③ Löse das Kreuzworträtsel.

④ Verbinde. Markiere die Selbstlaute.

Ga	On	Schna	Vo	Ha
kel	gel	bel	gel	bel

Ich achte auf die Endung **-el**.

Achte auf das Ende!

① Am Ende sind zwei Buchstaben immer gleich.
Kreise gelb ein.

bad(en)

mal(en)

schneid(en)

trink(en)

② Schreibe diese Wörter zu den richtigen Lautkreisen.
Zeichne Silbenbögen.

○○○○○ b a d e n

○○○○○○○ t r i n k e n

○○○○○○ sch n ei d e n

○○○○○ m a l e n

③ Ordne die Buchstaben.

au n b e — bauen	d k e n n e — denken
g e b e n — geben	l f n a sch e — schlafen
n s ch u e — suchen	ei z g n e — zeigen

denken, geben, schlafen, suchen, zeigen

Ich achte auf die Endung **-en**.

St st

① Sprich die Wörter.

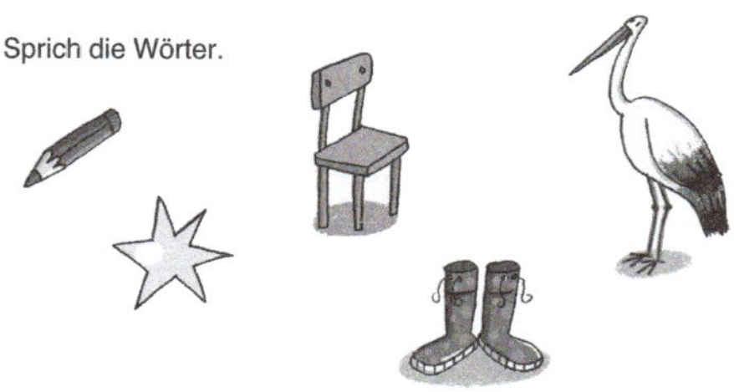

② Fahre St st farbig nach.

Stefan	**st**ark
Stecken	**st**ehen
Stab	**st**inken
Stunde	**st**eigen
Stamm	**st**olz

Sp sp

① Sprich die Wörter.

② Fahre Sp sp farbig nach.

Spinat	**sp**ielen
Sport	Ge**sp**enst
Spange	**sp**aren
Spiegel	**sp**ät
Spritze	**sp**ringen

Sätze abschreiben

Satz genau anschauen.

Schwierige Stellen? – Markiere.

Einen Teil des Satzes merken.

Auswendig aufschreiben.

Jeden Buchstaben kontrollieren.
Fehler ausbessern.

Schreibe die Sätze von Seite 48 ab.

Der Elefant ist grau.

Stefan isst gern Spaghetti.

Lisa und Peter spielen mit dem Ball.

Am Montag gehen wir schwimmen.

Kilian wird sieben Jahre alt.

Qu qu

① Setze Qu/qu ein. Schreibe das Wort auf. Kreise Qu/qu ein.

Qu adrat — das Quadrat

Qu elle — die Quelle

Qu artett — das Quartett

Qu ark — der Quark

Qu alle — die Qualle

Qu alm — der Qualm

② Fülle mit Qu/qu.

③ Verbinde und markiere **qu**.

Enten

Ferkel

Kinder

Kamine

Türen

Enten	quatschen
Ferkel	qualmen
Kinder	quaken
Kamine	quietschen
Türen	quieken

Ei
ei

① Setze Ei/ei ein. Schreibe das Wort auf. Kreise Ei/ei ein.

Ei s
das Eis

L ei ter
die Leiter

S ei l
das Seil

Ei mer
der Eimer

M ei se
die Meise

Pf ei l
der Pfeil

② Reimerei mit **ei**. Verbinde die Reimwörter.

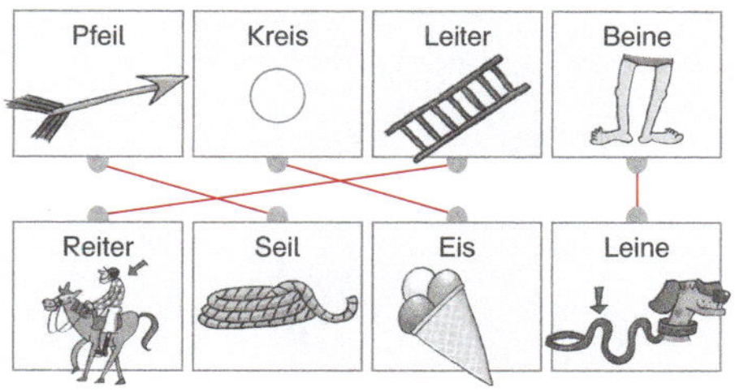

③ Zählen und schreiben.

eins | **zwei** | **drei**

eins | zwei | drei

④ Schreibe. Markiere **ei**.

zwei
Beine

zwei
Kreise

drei
Pfeile

zwei
Reiter

ein
Seil

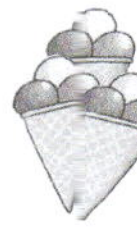
drei
Eis

Eu
eu

① Fahre Eu/eu nach. Schreibe das Wort auf. Kreise Eu/eu ein.

Freunde
die Freunde

neun
neun

Euro
der Euro

Eule
die Eule

Feuer
das Feuer

Leute
die Leute

② Fülle mit Eu/eu.

③ Was ist neu?

alt

neu

neu

alt

alt

neu

alt

neu

④ Das macht mir Freude. Zeichne und schreibe.

① Zeichne die Silbenbögen. Sprich das **r** deutlich.
Markiere das **r**.

Garten Murmel Karte

Warten Kurve morgen

wärmen lernen turnen

werden warnen Marmelade

② Zeichne die Lautkreise. Schreibe.
Zeichne die Silbenbögen.

B i r n e

G u r k e

L a t e r n e

G a r t e n

③ Verbinde verwandte Wörter. Markiere **r**.

Arme	Würmer	hart	Wärme
Wurm	Härte	warm	Arm

Ich achte auf das **r**.

Wörter zum Abschreiben

Vogel	Kuchen
spielen	Nebel
Ohr	heulen
Stein	Wasser
Körper	Sport
stehen	schreiben
Quelle	fürchten
Bauch	Euro

Sätze zum Abschreiben

Der Elefant ist grau.

Stefan isst gern Spaghetti.

Lisa und Peter spielen mit dem Ball.

Am Montag gehen wir schwimmen.

Kilian wird sieben Jahre alt.

3b. *Voll entfaltete phonemische Strategie*, z. B. lesn = lesen, manchmal Wiedergabe phonetischer Nuancen, z. B. – Phaul = Paul, – Khint = Kind.	Mit zunehmender Entfaltung der phonemischen Strategie können immer mehr Lernwörter gelernt werden. Behalten werden müssen vor allem die *Abweichungen von phonemischen Konstruktionen*, z. B. das zweite <t> in „Bett“, das <e> in „liebe“ etc.	Die phonemische Strategie überwiegt oft das Abrufen von Lernwörtern: phonemische Konstruktionen (z. B. Rola, komt, sie) oft auch bei Lernwörtern aus der Fibel.
4. *Entfaltete phonemische Strategie*, korrigiert durch strukturelle Regelmäßigkeiten, z. B. – les**en**, – Gab**el**.	Wie 3., zusätzliche Lernhilfe durch Erkennen von strukturellen Regelmäßigkeiten.	Ohne besondere Zuwendung der Aufmerksamkeit (Briefschreiben, Aufsätze) oft Bevorzugung von Konstruktionen über Lernwörter.
5. Wie 4., weiteres Erkennen und Anwenden von orthographischen Strukturen, z. T. explizit vermittelt, z. B. – Auslautverhärtung, – Vorsilben ver-, vor-, – Morpheme -ig, -lich, -ung.	Wie 3a. und 3b., zusätzliche Lernhilfen durch Kenntnisse weiterer orthographischer Regelmäßigkeiten, z. B. – Hun**d**, – **ver**gessen, – fröh**lich**. Leichter Erwerb von Lernwörtern.	Häufig Übertragung der erkannten orthographischen Regelmäßigkeiten auf ungeeignete Fälle („Übergeneralisierungen“), z. B. – Reze**bt**, – **ver**tig, – Str**ung** (Strunk)
6. Allmähliches Überwiegen des Abrufens von Lernwörtern über Konstruktionen („Automatisierung“); Reihenfolge der Buchstaben beim Schreiben wird aber immer noch von der gesprochenen Sprache begleitet und geleitet. Phonemische und orthographische Konstruktionen sind möglich.		

Aus: Ingrid M. Naegele, Renate Valtin, Grundlagen und Grundsätze der Lese-Rechtschreibförderung. LRS – Legasthenie in den Klassen 1–10. Beltz: Weinheim und Basel [6]2003

Im Bemühen richtig zu schreiben, beginnen Kinder, über die Rechtschreibung von Wörtern nachzudenken. Die Rechtschreib-Stars unterstützen diesen Prozess, indem sie Kinder anregen, sich auf einer Metaebene mit Sprache auseinanderzusetzen. Die Annäherung an

die rechtschriftliche Norm erfolgt individuell und nicht linear von falsch zu richtig. Fehler sind in diesem Prozess normal, sie geben Hinweise auf die individuelle Lernentwicklung.
Durch das Nachdenken über Geschriebenes wird in einem lebenslangen Prozess das individuelle Rechtschreibverständnis den allgemeinen Rechtschreibkonventionen angeglichen.

Die Rechtschreib-Stars im Unterricht

Die Rechtschreib-Stars können als unterrichtsbegleitende Übungshefte eingesetzt werden.

Mit der ergänzenden *Lernstandsdiagnose Deutsch 1 Rechtschreibung* kann auf einfache Weise das Kompetenzprofil eines Kindes ermittelt werden. Die elektronische Auswertungshilfe gibt automatisch Hinweise auf die Förderung des einzelnen Schülers, einer Fördergruppe und im Klassenverband.

Setze Au/au ein.

das _____to

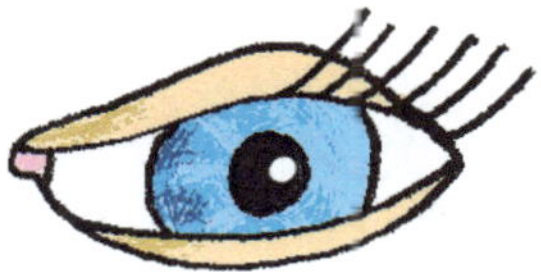

das _____ge

die R_____pe

der B_____m

korrigiert:

Wörter im Satz

Suche die Wörter im Satz.
Kreise sie ein.

rennt

Baum

Hund

Der Hund rennt hinter den Baum .

essen

Mama

Pizza

Mama und ich essen heute Pizza .

Kleid

Puppe

rosa

Die Puppe hat ein rosa Kleid an .

korrigiert:

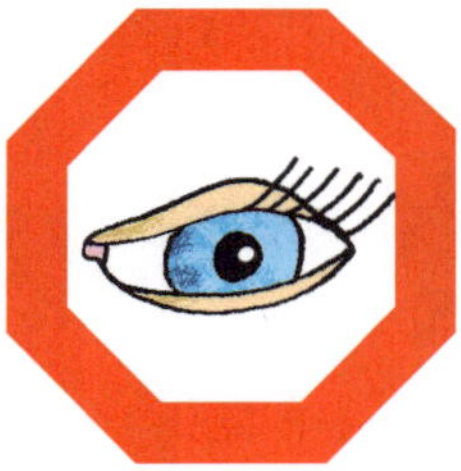

Wort genau anschauen.

Schwierige Stellen? Markiere.

Wort merken.

Wort auswendig schreiben.

Jeden Buchstaben kontrollieren.
Fehler ausbessern.

Kreise die Wörter im Satz ein.
Schreibe den Satz ab.
Markiere den Abstand zwischen den Wörtern.

Saft. Mama kauft

Mama kauft Saft .

Mama | kauft | S

Papagei Der bunt. ist

Der Papagei ist bunt .

Auto. ein Ich male

Ich male ein Auto .

Schreibe die Wörter von Seite 48 ab.

korrigiert: ☆

1 Am Ende sind zwei Buchstaben immer gleich.
Kreise gelb ein.

Fenster

Finger

Käfer

Anker

2 Schreibe diese Wörter zu den richtigen Lautkreisen.
Zeichne Silbenbögen.

③ In jeder Zeile hat sich ein Wort mit **-er** versteckt.

C	O	M	B	A	U	E	R
J	K	Ö	R	P	E	R	M
H	Q	W	I	N	T	E	R
A	N	G	L	E	R	Z	X
F	S	M	A	L	E	R	N
C	B	R	U	D	E	R	O
K	A	L	E	N	D	E	R
U	H	H	E	L	F	E	R

der B ______________________

der M ______________________

der K ______________________

der B ______________________

der W ______________________

der K ______________________

der A ______________________

der H ______________________

korrigiert: ☆

Achte auf das Ende!

(1) Am Ende sind zwei Buchstaben immer gleich.
Kreise gelb ein.

 Flügel

 Igel

 Wurzel

 Nebel

(2) Schreibe diese Wörter zu den richtigen Lautkreisen.
Zeichne Silbenbögen.

③ Löse das Kreuzworträtsel.

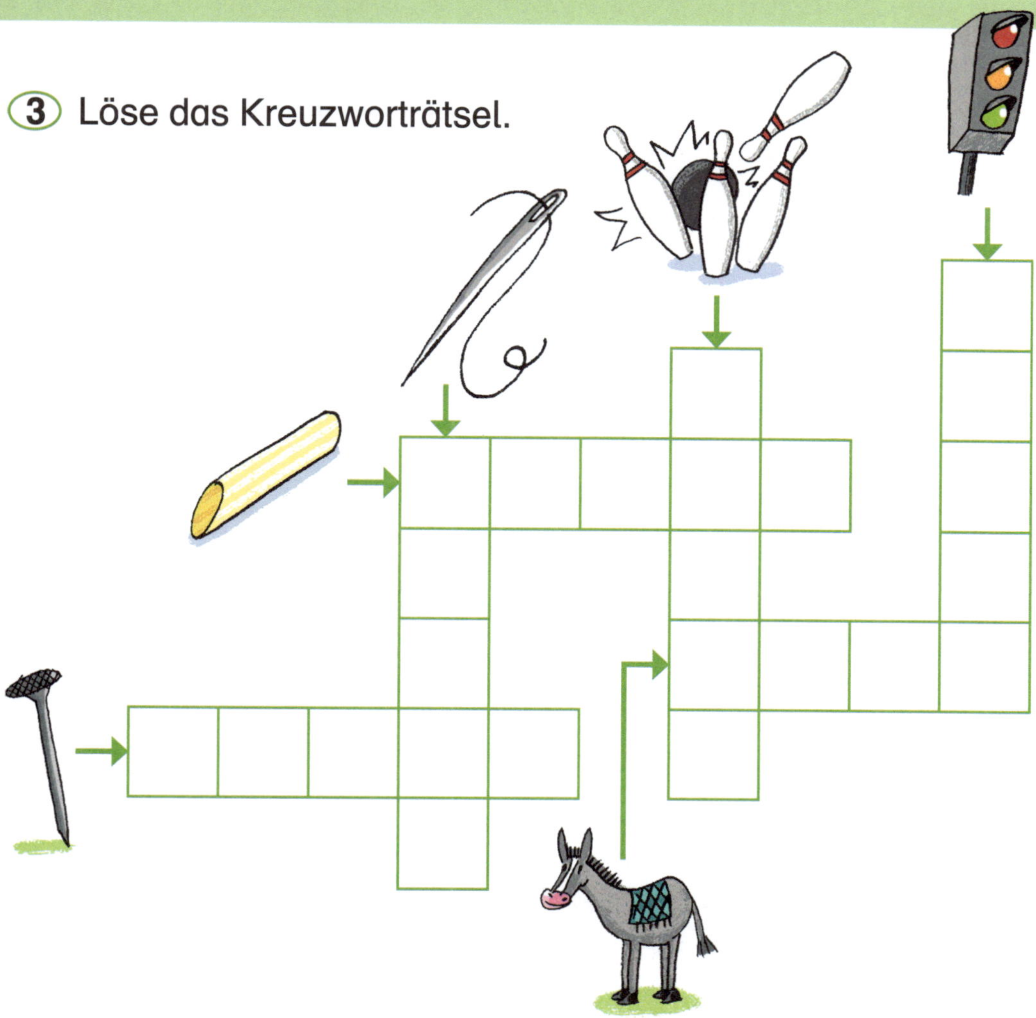

④ Verbinde. Markiere die Selbstlaute.

Ga	On	Schna	Vo	Ha
kel	gel	bel	gel	bel

korrigiert:

Achte auf das Ende!

① Am Ende sind zwei Buchstaben immer gleich.
Kreise gelb ein.

baden

malen

schneiden

trinken

② Schreibe diese Wörter zu den richtigen Lautkreisen.
Zeichne Silbenbögen.

③ Ordne die Buchstaben.

au n b e

bauen

d k n e n e

d

e g b e n

l f n a sch e

s n ch u e

z ei g n e

denken, geben, schlafen, suchen, zeigen

korrigiert: ☆

St st

(1) Sprich die Wörter.

(2) Fahre St/st farbig nach.

Stefan	stark
Stecken	stehen
Stab	stinken
Stunde	steigen
Stamm	stolz

korrigiert:

① Sprich die Wörter.

② Fahre Sp/sp farbig nach.

Spinat

Sport

Spange

Spiegel

Spritze

spielen

Gespenst

sparen

spät

springen

korrigiert:

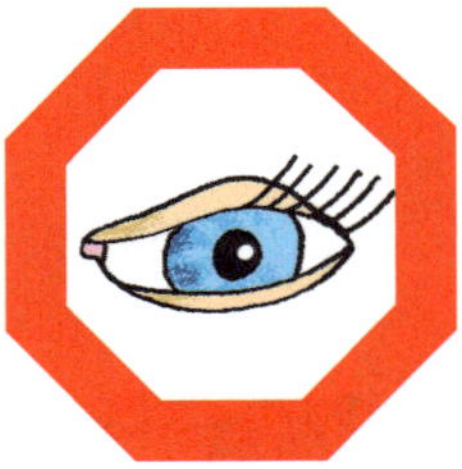

Satz genau anschauen.

Schwierige Stellen? – Markiere.

Einen Teil des Satzes merken.

Auswendig aufschreiben.

Jeden Buchstaben kontrollieren.
Fehler ausbessern.

Schreibe die Sätze von Seite 48 ab.

korrigiert: ☆

1 Setze Qu/qu ein. Schreibe das Wort auf. Kreise Qu/qu ein.

___adrat

das ______________

___elle

die ______________

___artett

das ______________

___ark

der ______________

___alle

die ______________

___alm

der ______________

2 Fülle mit Qu/qu.

Ich höre „kw", aber ich schreibe Qu/qu.

③ Verbinde und markiere **qu**.

Enten • • quatschen

Ferkel • • qualmen

Kinder • • quaken

Kamine • • quietschen

Türen • • quieken

korrigiert: ☆

① Setze Ei/ei ein. Schreibe das Wort auf. Kreise Ei/ei ein.

____s

das ______________

L____ter

die ______________

S____l

das ______________

____mer

der ______________

M____se

die ______________

Pf____l

der ______________

② Reimerei mit **ei**. Verbinde die Reimwörter.

Pfeil	Kreis	Leiter	Beine

Reiter	Seil	Eis	Leine

③ Zählen und schreiben.

eins zwei drei

④ Schreibe. Markiere **ei**.

zwei
B

zwei
K

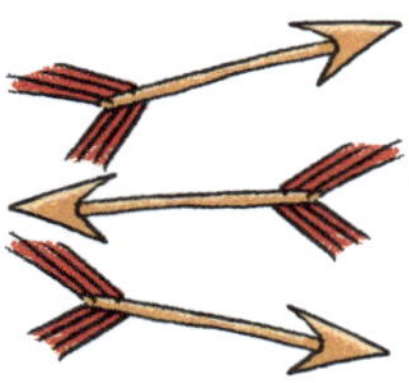

korrigiert: ☆

① Fahre Eu/eu nach. Schreibe das Wort auf. Kreise Eu/eu ein.

Freunde

die ____________

neun

____

Euro

der ____________

Eule

die ____________

Feuer

das ____________

Leute

die ____________

② Fülle mit Eu/eu.

③ Was ist neu?

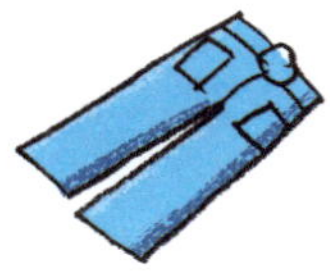

alt | neu

④ Das macht mir Freude. Zeichne und schreibe.

korrigiert:

Achte auf das r!

(1) Zeichne die Silbenbögen. Sprich das **r** deutlich. Markiere das **r**.

Garten Murmel Karte

Warten Kurve morgen

wärmen lernen turnen

werden warnen Marmelade

Manchmal hört man das **r** ganz schlecht.

② Zeichne die Lautkreise. Schreibe.
Zeichne die Silbenbögen.

○○○○○

B i r n e

③ Verbinde verwandte Wörter. Markiere **r**.

Arme	Würmer	hart	Wärme
Wurm	Härte	warm	Arm

korrigiert:

Wörter zum Abschreiben

Vogel	Kuchen
spielen	Nebel
Ohr	heulen
Stein	Wasser
Körper	Sport
stehen	schreiben
Quelle	fürchten
Bauch	Euro

Sätze zum Abschreiben

Der Elefant ist grau.

Stefan isst gern Spaghetti.

Lisa und Peter spielen mit dem Ball.

Am Montag gehen wir schwimmen.

Kilian wird sieben Jahre alt.